MANDEMENT

DU RÉVÉRENDISSIME

ÉVÊQUE MÉTROPOLITAIN

DE PARIS,

Qui *ordonne de chanter un* TE DEUM *pour la Paix.*

Jean-Baptiste ROYER, par la divine Providence & dans la Communion du Saint Siège, Evêque métropolitain de Paris, à nos chers Coopérateurs dans le Saint Miniſtère & à tous les Fidèles de notre Dioceſe, au Clergé, & aux Fidèles des Egliſes veuves de notre Arrondiſſement, Salut & Bénédiction en N. S. J. C. *le Prince de la Paix.*

NOS TRÈS-CHERS FRÈRES,

A Dieu, & à Dieu seul soient rendues d'immortelles actions de grace pour la paix glorieuse qui vient d'être proclamée par les ordres du chef suprême de la République Française, & daigne sa miséricorde vous en faire recueillir les fruits précieux.

Gloria in altissimis Deo, & in terra pax hominibus bonæ voluntatis. Luc. 2. y. 14.

Enfin, NOS TRÈS-CHERS FRÈRES, la voix du Très-Haut se fait entendre. Du fond de ses trésors, où tout est renfermé, il appelle la paix qui a répondu. C'est ainsi qu'à l'origine du monde il appeloit la lumière, qui au même instant se répandoit, et étinceloit jusqu'aux extrêmités de l'univers. A sa voix, elle s'élance, elle accourt, elle se montre avec tous ses charmes, & je la vois se lever sur nous selon l'expression de l'Apôtre, ainsi que la brillante étoile du matin (1). Saluons

---

(1) Lucifer oriatur in cordibus vestris. IIᵉ Ep. St. Pierre, c. 1. v. 19.

son aurore. A l'exemple des Mages de l'Orient tournons nos regards vers sa ravissante beauté ; ouvrons nos ames à ses délicieuses influences , & bénissons mille fois la main du Tout-puissant qui ne la fait luire à nos yeux que pour nous la donner en partage , & la faire en quelque sorte tressaillir elle-même , & triompher dans nos cœurs. *Pax Christi exultet in cordibus nostris.* Sa présence auguste & son action infiniment efficace suffiront & au - delà pour combler tous nos vœux ; & quels vœux pourrions-nous former encore qui n'atteignent infailliblement leur objet ? Que dis-je ! notre imagination vaincue tombera elle - même devant nos faciles & incalculables succès. Avec la paix reparoîtra l'abondance. Avec elle la France régénérée dans toutes les parties de son enceinte , se relevera de ses pertes , & restera elle-même toute étonnée de sa résurrection : avec elle l'empire des mœurs , sans lesquelles le monde n'est qu'un épouvantable cahos , & l'image anticipé de l'enfer , se rétablira universellement ; avec elle nous retrouverons tout, la nature , la patrie , l'Evangile. Avec elle , les longues & terribles secousses de la révolution auront un terme ; les lois , une base; le vice , un frein ; le mérite des encouragemens

& des récompenſes ; avec elle, les arts, les ſciences, le commerce, l'industrie renaîtront de leurs cendres & fleuriront de toutes parts. Fécondée par cet aſtre tout puiſſant, & rafraîchie ſans ceſſe par la roſée de la grace, notre terre fortunée donnera ſon fruit, dont la parfaite maturité, & la ſaveur exquiſe ſera déja pour nous dans ce pélerinage l'avant-goût des biens céleſtes. *Dominus dabit benignitatem & terra noſtra dabit fructum ſuum.* Pſ. 84. v. 13.

Miniſtres d'un Dieu de paix, c'eſt donc à nous à faire retentir des vifs accents de notre gratitude les voûtes ſacrés de nos temples, ſoit en notre nom, ſoit au nom des vrais chrétiens, qui par cela ſeul, qu'ils profeſſent l'Evangile, n'en ſont que plus attachés à la patrie. Nos pères dans la foi célébrèrent conſtamment, & avec toute la pompe de la magnificence les grandes époques qui promettoient ou conſolidoient le bonheur, & ils nous défavoueroient pour leurs enfans, ſi nous ne marchions pas ſur leurs traces ; ſi renonçant à cet enthouſiaſme de ferveur qui devoit être héréditaire, nous ſuſpendions nos chants d'allégreſſe au moment même où leur douce mélodie doit aller frapper au loin les échos d'Ifraël. Nous ne fommes plus affis fur les fleuves de Babilône qui fe groffiffoient de nos larmes. Mêlons donc nos voix, chers Coopérateurs, à celles des fublimes intelligences, & dans l'union la plus intime annonçons aux peuples confiés à notre follicitude le bienfait ineftimable dont le ciel vient de nous favorifer, & qui d'avance nous répond de tous les autres. *Gloria &c.* Voilà notre devoir : qu'il eft doux à remplir ! que cette honorable miffion doit nous élever à nos propres yeux ! le bel emploi pour les Ambaffadeurs de J. C., l'auteur, le confommateur, le prince de la paix, que d'être établis pour vous porter l'heureufe nouvelle de cette paix, & d'avoir à remplir auprès de vous un auffi confolant, un auffi glorieux apoftolât ! *Quam fpeciofi pedes evangelizantium pacem, evangelizantium bona.* Paul, ad. Rom. c. 10, v. 15.

C'eft à vous auffi, NOS TRÈS-CHERS FRÈRES, à feconder vos pafteurs, & à montrer votre docilitè à nos tendres invitations par votre empreffement à vous réunir dans l'enceinte de nos Eglifes pour offrir au difpenfateur fuprême le pur hommage de vos cœurs et le jufte tribut de votre

éternelle reconnoiffance. Par là fidèles imita-
teurs de ces hommes de bonne volonté, de ces
heureux bergers de Béthléem, en qui les pre-
mières impreffions de la crainte dont ils avoient
été faifis d'abord, céderent tout-à-coup aux
doux tranfports de la joie la plus pure, vous
prouverez à toutes les nations, dont les yeux
attentifs font fixés fur vous ; vous prouverez à
l'univers, qui vous regarde & vous contemple,
que le fouvenir déchirant des malheurs dont
vous avez été ou les témoins ou les victimes,
& qui font paffés pour ne revenir jamais, ont
fait place dans vos ames à l'allégreffe la plus
vive, & au fentiment durable du plus tendre
amour pour la religion & pour la patrie. La religion, & la patrie, ah! NOS TRÈS-CHERS
FRÈRES, elles doivent dans tous les temps fe
rencontrer enfemble, & aujourd'hui fur-tout
elles doivent fe ferrer plus étroitement l'une
l'autre, & s'embraffer en figne d'une éternelle
alliance, comme la miféricorde & la vérité, la
juftice & la paix. *Mifericordia & veritas obviave-
runt fibi, juftitia & pax ofculata sunt.* Ps. 84, 12.

Cette folemnité fi grande, fi augufte en elle-
même, Miniftres & Fidèles, s'étend de nouveau
& s'agrandit par fes rapports. Ce n'eft pas une

fête purement civique & nationale, c'eſt une fête vraiment religieuſe & ſacrée, publique & perſonnelle, dont la mémoire doit ſe conſerver dans toutes les générations. C'eſt le jour où tous les maux ſont réparés, où tous les biens s'empreſſent d'éclore, où l'ordre ſuccede au cahos, où tous les intérêts ſe réuniſſent & ſe confondent, où toutes les injures s'oublient, où les nations s'embraſſent comme les individus, où les douces & riantes images de la béatitude univerſelle ſe développent à tous les regards, & énivrent comme par ſympathie toutes les ames. Or pour des Français, pour des Chrétiens, un jour qui rapproche & identifie tout, un jour qui remet l'unité ſur la terre, & la rend pour ainſi-dire la rivale des cieux, un jour qui annonce la renaiſſance & promet la perpétuité du bonheur, doit être en quelque ſorte un jour éternel.

Oh ! combien il s'eſt fait attendre ! & ſans l'eſpoir conſolateur qui nous ſoutenoit dans l'excès même de nos maux, comment aurions-nous pu ſurvivre à nos immenſes douleurs ! Graces au Père des Miſéricordes, au Dieu de toute conſolation, dont l'aimable providence n'a pas permis que cet eſpoir fût confondu. A travers les flottes ennemies qui infeſtoient les mers et couvroient leur ſurface, le Dieu des armées a ouvert un paſſage, au héros triomphant qui a briſé nos fers, & qui, après avoir cherché, pourſuivi, forcé la paix elle-même, au nom du ciel & de la France a fini par nous en aſſurer la conquête : *inquire pacem & perſequere eam.* Ps. 33, v. 14. Mais s'il ſe peut, oublions pour un inſtant le héros, le ſage, l'homme unique, pour ne voir en tout que Dieu ſeul, ainſi que les trois Apôtres, témoins du raviſſant ſpectacle de la transfiguration (1); & que l'inſtrument, tout admirable qu'il eſt, diſparoiſſe pour ne laiſſer appercevoir que la cauſe même ou la main qui l'emploie. Gloire à Dieu le père dont deſcend tout don parfait (2). Gloire à J. C. ſon fils, qui nous permet de puiſer dans ſes ſources ſacrées la paix elle-même, avec tous les tréſors de la ſageſſe & de la ſcience (3). Gloire au Saint-Eſprit, centre unique & univerſel de la juſtice,

---

(1) Neminem viderunt niſi ſolum Jeſum. *Matth.* 17, 8.

(2) Omne datum optimum & omne donum perfeƈtum deſurſum eſt, deſcendens a patre Luminum. *St. Jacq.* ſ. 1. v. 17.

(3) Haurietis aquas in gaudio de fontibus Salvatoris. *Iſ.* 12. 4.

(9)

de la joie & de la paix (1). C'eſt dans le ſein im-
menſe de la divinité que notre exiſtence doit ſe recueillir toute entière. Quel pur délice pour des
mortels échappés au naufrage , de poſer enfin le
pied ſur le rivage, & de s'endormir comme le
prophète au port du ſalut ! *in pace, in idipſum,
dormiam & requieſcam.* Pſ. 4, v. 9. A de longues
années de tourmens & d'angoiſſes , fin malheu-
reuſe d'un ſiècle qui n'eſt plus, qu'il eſt doux
de voir ſuccéder des années proſpères, un ſiècle
nouveau d'épanouiſſement & de joie !

Rejouiſſons-nous donc , NOS TRÈS - CHERS
FRÈRES ; oui, encore une fois réjouiſſons-nous;
mais que ce ſoit toujours dans le Seigneur (2).
N'oublions pas qu'il eſt proche ou plutôt qu'il
eſt là ; car il nous fait préſent de la paix, &
la paix c'eſt lui même : *ipſe enim eſt pax noſtra.*

---

(1) Juſtitia & pax & gaudium in Spiritu ſanĉto. *Paul,
Rom. c.* 14, *v.* 17.

(2) Gaudete in Domino ſemper, iterum dico gaudete.
Modeſtia veſtra nota ſit omnibus hominibus, Dominus
prope eſt. *Paul, Ph.* 14 . 4.

Ad Eph. 2 , 14. Livrons-nous sous ses yeux à ces tendres épanchemens que la nature commande, que le patriotisme attend , & que la religion sanctifie ; & que nos purs & innocents plaisirs tournant eux-mêmes au profit de la vertu , notre modération & notre sagesse présentent constamment à tous les regards un spectacle digne de Dieu, des Anges & des hommes.

O paix , aimable paix , tant désirée de tous les Français , appelée avec tant d'ardeur par les disciples de J.-C. ! ô paix de Dieu , qui surpasse tous les sentimens & toutes les pensées, trésor des ames pures ! ô toi qui serois la plus brillante image des cieux , si tu n'étois le ciel même , descends sur cette terre dont nos iniquités t'exilèrent si long - temps. Viens reposer dans des cœurs avides de te recevoir, & garde-les en J.C. non pendant quelques jours , quelques mois, quelques années , mais jusqu'à ce dernier instant , où remontant à ton auteur , tu nous introduiras pour toujours dans le sanctuaire de ta résidence , dans cette Jérusalem céleste, si justement définie , le spectacle ravissant & le séjour assuré de l'éternelle paix. *Dicta pacis visio.* Hym. Ded.

(11)

C'eft là, peuple chrétien , que nous nous rencontrerons avec nos autres Frères , qui , en combattant pour la patrie , font morts dans la paix du Seigneur. Ah! fi parmi ces illuftres victimes qui ont fcellé de leur fang nos nombreufes victoires , il en reftoit quelques-unes qui fuffent encore redevables à la juftice divine ; que le fang même de J.-C. qui a coulé pour le falut de tous les hommes , achève d'acquitter leurs dettes ; & par juftice , par reconnoiffance autant que par charité , que nos ferventes prières hâtent leur délivrance.

A CES CAUSES nous ordonnons , 1°. que le 25 mars , fête de l'*Annonciation* , 5 germinal , il fera chanté dans notre Eglife Métropolitaine , à l'iffue de l'office du foir , un *Te Deum* pour la paix , & de fuite un *De profundis* pour le repos des ames de nos frères morts pour la défenfe de la patrie ; 2°. que dans toutes les paroiffes du Diocèfe il fera également chanté un *Te Deum* & un *De profundis* aux mêmes fins, le Dimanche qui fuivra immédiatement la réception du préfent Mandement.

Donné à Paris, le 20 mars, de l'an de grace 1801, 29 ventôfe an 9 de la République Françaife.

J.-B. ROYER, évêque Métropolitain.

De l'Imprimerie de BAUDELOT & EBERHART, rue Saint-Jacques, Nº. 30.